EDICT
De la suppression des
GRENETIERS
alternatifz. 12.

A PARIS

Pour Ian Dallier, demeurant sur le pont sainct
Michel, à l'enseigne de la Rose blanche.
Et pour Vincent Sertenas, tenant sa boutique
au Palais, en la gallerie par ou on va
à la Chancellerie.

1 5 5 5.

EXTRAICT
du priuilege.

Il est permis à Ian Dallier Libraire, demeurant à Paris, de faire imprimer l'Edict faict par le Roy, de la suppreßion des Grenetiers alternatifz, & deffenses sont faictes à tous autres quelzconques de n'imprimer, vēdre ou distribuer autres que ceulx que ledict Dallier aura faict imprimer, sur peine de confiscation de ce qu'ilz auroient imprimé, vendu ou distribué, & d'amende arbitraire, & ce iusques à trois ans, comme plus à plain est contenu en sa lettre de permißion.

ENRY par la grace de Dieu Roy de Frãce, à tous presens & aduenir, salut.
Les Grenetiers anciens des greniers & magazins à sel de nõ stre royaume nous ont par leur requeste à nous & nostre conseil priué presentée, faict remõstrer qu'ilz ont esté pourueuz desdictz estatz, & pour iceulx payé grosse finance, les vns plus, les autres moins, ayans esgard non seulement aux gages qui pour ce leur estoyent ordõnez, mais aussi pour consideration des droictz y de toute anciéneté ordõnez & appartenãs, & exercice de la iustice. Et cõbien que les causes qui nous ont meu de faire noz officiers cõptables alternatifz ne se puissent

A ii

adapter estendre ny auoir lieu pour
leur regard, ce neantmoins pour ce
que pour la subuention de noz affaires auōs faict lesdictz offices alternatifz,& de ce faict expedier noz
lettres de declaration,aucuns se fe-
royent faict pouruoir d'iceux, &
que par le moyen de leurs prouisiōs
ilz pourroyent pretendre debuoir
iouyr des droictz, profitz & esmo-
molumens appartenãs ausdictz anciens grenetiers. Pour consideratiō
desquelz,ilz nous auroyĕt (comme
dict est) fourny trop plus grosse fi-
náce que s'ilz n'eussent eu que sim-
plement leurs gages à eulx ordonnez , & si pourroit aduenir autre
confusion en ce qu'iceulx exposans
s'estans chargez, chascun en son
regard,du sel descendu en leurs greniers , par la certification baillée à
noz officiers des bouche & entrées

de riuieres pour ce accouſtumez
aux Treſoriers generaulx de noz finances. Et n'eſtãt la totalité dudict
ſel diſtribuée durãt l'année de leur
exercice, l'alternatif de ce qui en re-
ſteroit ne ſen voudroit charger ſãs
nouuel meſurage, lequel ne ſe pour
roit faire ſans doubles frais & vexa-
tiõs à nous, noz fermiers & ſuiectz,
& autres incõueniens. Pour à iceulx
obuier, nous ſupplioient & reque-
roient treshumblement dõner cer-
tain reglement, par lequel ilz fuſ-
ſent conſeruez en leurſdictz eſtatz,
ou bien vouloir eſteindre & ſuppri-
mer leſdictz eſtatz alternatifz. Et
combien que le rembourſemét requis pour icelle ſuppreſſion ne ſe
pourroyt faire de noz deniers, pour
eſtre noz affaires ſi preſſez qu'ilz
ſont, offroyent chaſcun en leur regard faire ledict rembourſement

A iij

aufdictz alternatifz, s'il nous plai-
foyt leur attribuer les gages ordonnez à iceulx.

SCAVOIR faifons que nous
ayans efgard aufdictes remonftrã-
ces & offres d'iceulx fupplians, de-
firans iceulx maintenir & cõferuer
en leurs anciens droictz, prerogati-
ues & préeminences, & obuier aux
troubles, defordres, diuifions, & dif-
ferendz qui pourroient fourdre &
aduenir entre eulx, & lefdictz alternatifz, par le moyen defquelz noz
fubiectz pourroyent eftre incom-
modez & trauaillez, & noz affaires
concernans leurs charges troublez
& mis en defordre. Pour ces caufes
& autres bonnes confiderations à ce
nous mouuans, par l'aduis & delibe-
ration des gens de noftredict con-
feil, & de noftre certaine fcience,
pleine puiffance & autorité royal,

Auons dict, declairé, voulu & ordonné : difons, declarons, voulons
ordonnons, & nous plaift par ces
prefentes, qu'en rembourçant par
lefdictz fuppliãs & chafcun d'eulx
refpectiuement, fuyuant leurs offres, ceulx qui fe trouueroyent
pourueuz defdictz offices de Grenetiers & recepueurs alternatifz de
ce qu'ilz en ont desboursé & fourny es mains du Treforier & recep-
ueur general de noz finances extra-
ordinaires & parties cafuelles, & e-
ftans pourueuz d'iceulx, enfemble
de leurs loyaulx couftz, fraiz, & mi-
fes, que nous auons taxé & mode-
ré, taxons & moderons à la fomme
de douze efcuz fol pour chafcuns
iceulx offices de recepueurs alternatifz defdictz magazins, greniers à
fel & chãbres en dependêtes, feroiẽt
& demeueroiẽt fupprimez, eftein,

& aboliz,& par ces prefentes les fup
primõs, efteignons & aboliffons,au
proffit defdictz fupplians, aufquelz
en ce faifant auons attribué & attri-
buõs par ces prefentes mefmes gages
qu'auons ordónez à iceulx alternatifz,par leurs prouifions qu'ilz au-
ront,prendront & perceueront enfemble auec leurs anciens gages par
forme de creuë & augmentation,
à commencer du iour qu'ilz au-
ront faict ledict rembourfement
aufdictz alternatifz, ou en leur re-
fuz de le prendre & accepter, ice-
luy configner es mains de iuftice,
fans ce qu'à eulx, ny à leurs fucceffeurs en leurs offices, il foit plus
baillé aucun compaignon alternatif, ne par nous, noz fucceffeurs
pourueuz aufdictz alternatifz par
le moyen ne foubz couleur de noftre Edict general, ne pareillement
de

de ladicte declaration depuis fur ce
faicte, n'autrement, pour quelque
caufe ou occafion que ce foit:def-
quelz edictz & declarations,& tous
aultres qui pour l'aduenir pourroient eftre faictz concernans,fem-
blables alternatifz, nous exceptons
& referuós lefdictz anciens offices
de grenetiers & recepueurs de nof-
dictz magazins , greniers & cham-
bres à fel, les reuocquant & fuppri-
mant pour ce regard feulement, &
fans preiudice d'iceulx pour les autres noz officiers comptables,en reuocquant, caffant & adnullant pareillement les lettres & prouifions
qui ont efté de nous obtenues,infti-
tutions faictes en vertu d'icelles , &
de tout ce qui s'en eft enfuyui. Et fi
par inaduertence , importunité des
requerans, ou aultrement il eftoit
cy apres encores faict aucunes pro-

B

uifions alternatiues defdictz offices
à prefent fupprimées par ce prefent
Edict,fuft en vertu defdictz Edict,
declarations ou d'aultres qui pourroyent eftre faictes cy apres.Nous
defaprefent cõme pour lors, & def-
lors cõme defaprefent , les declarõs
nulles, & de nul effect & valeur, sãs
ce que les pourueuz fe puiffent au-
cunement immifcer n'entremettre
en l'exercice & iouïffance defdictz
eftatz, directemét ou indirectemét,
en quelque maniere que ce foit.

SI donnons en mandement par
cefdictes prefentes à noz amez &
feaulx les gés tenás la Court de noz
Aides à Paris, Treforiers de France,
Generaux de noz finances, & à tous
autres noz iufticiers&officiers qu'il
appartiendra, que noz prefente declaration , fuppreffion , extinction,
abolition, vouloir & intention ,ilz

entretiennent, gardét & obſeruent,
facent de poinct en poinct entrete-
nir,garder & obſeruer, lire, publier
& enregiſtrer, ſans ſouffrir aller ne
venir,directemét ou indirectemét,
au côtraire,en quelque maniere que
ce ſoit,& à ce faire,ſouffrir& obeyr,
ledict rébourſemét toutesfois preal
lablement faict auſdictz pourueuz,
ou bien côſigné en main de iuſtice,
côme dict eſt cy deſſus: au reffus de
le prédre & accepter,côtraignent &
facét côtraindre réaumét& de faict,
iceux alternatifz pourueuz, par tou
tes voyes & manieres deues en tel
cas requis & accouſtumez,nôobſtát
oppoſitions ou appellations quelzconques, & ſans preiudice d'icelles,
pour leſquelles ne voulons eſtre dif
feré,dont nous auôs retenu & reſer
ué,retenons & reſeruons à nous & à
noſtre côſeil priué la côgnoiſſance:

icelle interdicte & defendue, inter-
disons & defendons à tous autres
quelzcõques, voulans que nosdictz
Thresoriers generaulx & chascun
d'eulx, en leur apparoissant de ces
presentes, ou vidim⁹ d'icelles deuë-
ment collationné à l'original, &
signé par l'vn de noz amez & feaulx
notaires & secretaires, & que par
vertu d'icelles lesdictz anciens Grenetiers ayent faict conuenir & ap-
peller par deuãt eux lesdictz Grene
tiers alternatifz ia pourueuz pour
les faictz que dessus, ilz les côtrain-
gnét par arreftz, suspension de leurs
gages, & autres voyes deuës & rai-
sonnables à leur representer les lettres de prouision par eulx obtenues
desdictz estatz, pour leur faire faire le remboursement, tant du prin-
cipal que loyaulx coustz & frais à
la raison susdicte, & ledict rébour-

sement faict, ou en leur refus de
recepuoir ladicte consignation, &
de vo° faire apparoir de leursdictes
prouisions & quictances pour icelles faire, attendu que des gaiges à
eulx ordonnez,il vous pourra appa
roir par les verifications & attaches
par vous expediées, assignées & or-
dōnées ausdictz Grenetiers anciens
& à leurs successeurs en leursdictz
estatz,& ausquelz nous auons des a
present cōme pour lors aux cas sus
dictz,assigné & assignons lesdictz
gages par nous ordonnez ausdictz
grenetiers alternatifz,pour en estre
par eulx payé, ainsi que dessus est
dict, ou en la forme & maniere que
par vous sera aduisé & ordonné,
en rapportant par eulx ou leurs re-
ceueurs qui aurōt faict ledict paye-
mēt des gaiges, l'acte portant ledict.
remboursement ou consignation,

B iii

& voftre ordonnance , & certification de l'execution de la prefente
fuppreffiõ & coppie deuëmét colla
tiõnée des prefentes, pour vne fois
feulement. Voulons lefdictz gaiges
eftre paffez & allouëz es comptes
de noz recepueurs generaulx qu'il
appartiédra, par noz amez & feaulx
les gens de noz comptes, aufquelz
nous mandons ainfi le faire fans dif
ficulté, car tel eft noftre plaifir: non-
obftát lefdictz edictz faictz ou à fai
re fur le faict defdictz alternatifz ou
autres, par lefquelz les eftatz defdictz fuppliãs peuuét ou pourroiét
eftre diminuez, verifications & pro
uifiõs qui pourroiét eftre expediées
dont nous auons excepté & referué
lefdictz eftatz de grenetiers anciés.
Et lefdictz edictz defaprefent comme pour lors à ceulx qui fe trouue-
roient contraires ou preiudiciables

aux presentes, reuocqué & reuo-
quons, & en quelques restrinctions,
mandemens, deffenses & lettres à ce
contraires. Et afin que ce soit chose
ferme & stable à tousiours, nous a-
uons faict mettre noste séel à cesdi-
ctes presentes, sauf en autres choses
nostre droict, & l'autruy en toutes.

Donné à sainct Germain en Laye, au mois de
Septébre, l'an de grace mil cinq cens cinquäte-
cinq, & de nostre regne le neufiesme.

Ainsi signé sur le reply,   Par le roy en son
conseil, Burgensis. Et Visa. Contétor Congnet.
Et séellées en laqs de soye, de cire verd.

Plus sur le reply est encores escript ce qui
sensuyt:

*Leues, publiées & enregistrées en la Court des
aides à Paris, ce requerant le Procureur general du
Roy en icelle, reserué neätmoins aux nouueaux pourueuz des offices de grenetiers alternatifz leurs actiös
pour raison des frais qu'ilz pourroyent pretēdre auoir
esté par eulx faictz à la poursuitte & expedition de
leurs lettres de prouision, oultre la somme de douze
escus d'or soleil, taxez par lesdictes lettres, sans retar-
dations toutesfois de l'execution du present edict.
L'unziesme iour de septembre, mil cinq cens cinquäte
cinq, Ainsi signé   Debondis.
Par ordennance de la Court.*